Mihai Udrea

Das Ende der Seele durch das Verständnis der Neurowissenschaften?

Mihai Udrea

Das Ende der Seele durch das Verständnis der Neurowissenschaften?

Eine Reflexion aus der Sicht der Geistesphilosophie

Fromm Verlag

Imprint

Any brand names and product names mentioned in this book are subject to trademark, brand or patent protection and are trademarks or registered trademarks of their respective holders. The use of brand names, product names, common names, trade names, product descriptions etc. even without a particular marking in this work is in no way to be construed to mean that such names may be regarded as unrestricted in respect of trademark and brand protection legislation and could thus be used by anyone.

Cover image: www.ingimage.com

Publisher:
Fromm Verlag
is a trademark of
Dodo Books Indian Ocean Ltd. and OmniScriptum S.R.L publishing group

120 High Road, East Finchley, London, N2 9ED, United Kingdom
Str. Armeneasca 28/1, office 1, Chisinau MD-2012, Republic of Moldova, Europe
Printed at: see last page
ISBN: 978-613-8-37872-3

Inhaltsverzeichnis

Einleitendes ... 2

1. Kapitel: Hasta la vista Seele ?
1.1 Das *Neuro-Land* - ein kleiner Sprung für den Neurowissenschaftler, ein riesiger Sprung für die Menschheit ... 8
1.2 Hasta la vista, Seele! - Gerhard Roth und Wolf Singer ... 11

2. Kapitel: Neurowissenschaft zwischen Erscheinung und Wesen
2.1. Das Bewusstsein-Gehirn Problem. Ein Fall für die >>*Akte X*<< ? ... 27
2.2 Das psychophysische Problem - ein *hochexplosiver Fass* für Philosophie und Hirnforschung ... 28
2.3. Vom *Eigenschaftsdualismus* und neuen *Mysterianismus* zum *kosmischen Brain-Quantum-Computer* ...44
 2.4 Die Naturalisierung der Person >>Der Homo neurobiologicus<< ... 49

3.Kapitel: Neurodogmatismus
3.1. Gehirnscanner auf den aporetischen Gipfel der Verzweiflung ... 52
3.2. Der mereologische Fehlschluss ... 55
3.3. Offen für die Offenheit der physischen Welt ... 57
3.4. Schlussplädoyer ... 61

Literaturverzeichnis ... 66

Einleitendes

Die Neurowissenschaften scheinen sich zu bemühen, meine Existenz auf neuronale-physikochemische Prozesse im Gehirn zu reduzieren. Sie behaupten, dass sämtliche meiner Handlungen, meine gesamte Willensfreiheit, durch das neuronale Geschehen im Gehirn determiniert sind. Mit idiosynkratischer Unnachgiebigkeit postulieren sie, dass mein Bewusstsein nicht mehr und nicht weniger als eine Folge von Gehirnaktivitäten ist.

Selbst mein momentanes Schmerzerlebnis wird von ihnen auf einen physisch-neuronalen Zustand reduziert, was mich auf den „Gipfel der Verzweiflung" führt. Sie rauben mir mein Selbst, mein Ich, und degradieren das Ganze zu bloßen Illusionen, zum Ballast einer alltäglichen Psychologie. An deren Stelle wird das Cerebrum gesetzt - als Maß aller Dinge. Doch ist es tatsächlich so, dass unser Geist nur eine Marionette ist, die von den neuronalen Aktivitäten des Gehirns gelenkt wird?[1]

---

[1] Vgl. Falkenburg, Brigitte, Mythos Determinismus. Wie viel erklärt uns die Hirnforschung?, Berlin Heidelberg, 2012, S.4

Die Wahrheit ist, dass die Neurowissenschaften Behauptungen aufstellen, die sie in der Praxis nicht erfüllen können. Es gibt eine erhebliche Diskrepanz zwischen den Weltdeutungen der Neurowissenschaften und den tatsächlichen empirischen Ergebnissen. Der Versuch, den menschlichen Geist zu naturalisieren, stößt auf eine unüberwindbare Grenze - eine aporetische Grenze aus naturwissenschaftlicher Sicht. Hier hängt unsere einzige Hoffnung an den Fäden einer nüchternen, klaren und begrifflich denkenden Philosophie. Durch ihre theoretischen Überlegungen, Problemanalysen und Versuche, Lösungsstrategien zu entwickeln, eröffnet sie neue Möglichkeiten in der Karte der Unklarheit und Ungewissheit.

Die vorliegende Arbeit hat daher das Ziel, die Problemfelder zu identifizieren, in die die Neurowissenschaften gegenwärtig geraten. Sie wird diese mit philosophischen Überlegungen konfrontieren, um Raum für mögliche Lösungsansätze zu schaffen.

Im ersten Kapitel werden wir uns den Neurowissenschaften nähern, um ihren zentralen Kern besser zu verstehen. Unter Zuhilfenahme der Auffassungen von Gerhard Roth und Wolf Singer - ohne uns jedoch auf diese zu beschränken - werden wir Schlüsselbegriffe wie „Reduktionismus", „Physikalismus" und „Determinismus" im Kontext der Neurobiologie näher betrachten. Es wird gezeigt, dass die gegenwärtig en vogue befindliche Neurowissenschaft versucht, Bewusstseinszustände durch einen Materialismus oder Reduktionismus zu erklären, indem sie psychische Phänomene entweder durch physische Prozesse erklären oder auf solche reduzieren. Ob es tatsächlich konkrete Zusammenhänge zwischen Bewusstsein und Gehirnprozessen gibt, wird in den nachfolgenden Kapiteln problematisiert.

Das zweite Kapitel widmet sich voll und ganz dem Problem der Beziehung zwischen Gehirn und Bewusstsein. In welchem Verhältnis stehen Geist und Körper zueinander? Existiert der Geist als eigenständige Entität oder ist er lediglich das Produkt neuronaler Vorgänge? Lassen sich psychische Phänomene von physischen unterscheiden? Welche Art der Kausalbeziehung besteht zwischen dem Gehirn und dem Bewusstsein und umgekehrt? Können wir noch von einem freien

Willen sprechen oder sind wir durch das neuronale Geschehen in unserem Gehirn determiniert? Diesen und anderen Fragen wird in diesem Kapitel nachgegangen, um das psychophysische Problem zu erörtern.

Mehrere dualistische Positionen, wie der cartesische Dualismus, Karl Poppers Drei-Welten-Theorie und Uwe Meixners gemäßigter psychophysischer Dualismus, werden vorgestellt als mögliche Antworten auf monistische Positionen, zu denen der Behaviorismus, die Identitätstheorie und der Funktionalismus gehören. Weitere Ansätze, wie der anomale Monismus, der Emergentismus, der Panpsychismus, der Reduktionismus und der eliminative Materialismus, werden ebenfalls genau betrachtet. Es werden Argumente für und gegen diese Ansätze skizziert, um das komplexe Unterfangen zu verdeutlichen, das fehlende Puzzleteil des Bewusstseinsrätsels zu finden.

Gegen Ende des zweiten Kapitels folgt ein kleiner Exkurs in den Eigenschaftsdualismus, den neuen Mysterianismus und eine Position, die einen Panpsychismus mit einem neutralen Monismus verbinden möchte, vorgeschlagen von Ervin Laszlo.

In diesem vielschichtigen Diskurs werden wir uns bemühen, eine umfassende, aber dennoch präzise Darstellung der aktuellen Debatte im Hinblick auf das Gehirn-Bewusstsein-Problem zu liefern.

Das abschließende Kapitel stellt eine Art Bestandsaufnahme der Aporien dar, in die der sogenannte Neurodogmatismus gegenwärtig gerät. Mithilfe der Werke und Ansichten von Felix Hasler, Nikolas Rose, Thomas Fuchs, Brigitte Falkenburg, Maxvell Bennett, Peter Hacker und anderen wird aufgezeigt, wie stark das Fundament der Hirnforschung zu wanken beginnt. Zum Beispiel zeigen sie auf, wie etwa der lokalisationistische Fehlschluss und der mereologische Fehlschluss das Gesamtbild der Hirnforschung ins Wanken bringen.

Darüber hinaus besteht das Risiko, dass das gesamte Fundament sich aufzulösen beginnt, wenn man der Quantenphysik vertraut. Die Quantenphysik vertritt die Überzeugung, dass das Universum - und damit auch wir - weniger durch strikte, nicht-probabilistische physikalische Gesetze determiniert sind, sondern mehr durch eine Art kosmisches

Würfelspiel.[2] Anders ausgedrückt: Die Quantenphysik sieht das Universum nicht als streng deterministisches System, sondern als ein Feld von Möglichkeiten und Wahrscheinlichkeiten. Dies steht im krassen Gegensatz zur klassischen Vorstellung von uns als physikochemischem Gemisch, welches den strengen deterministischen Naturgesetzen der klassischen Physik vollständig unterliegt.

In diesem Sinne wird das abschließende Kapitel eine Art Zusammenfassung und Bewertung der bisherigen Diskussionen sein. Es wird dabei deutlich werden, dass die Neurowissenschaften, trotz ihrer beeindruckenden Fortschritte, immer noch mit tiefgreifenden philosophischen und konzeptionellen Herausforderungen konfrontiert sind.

---

[2] Es geht um die Frage ob die stochastische Erklärung der Quantenphysik oder die deterministische Erklärung zutrifft. Dabei meinte Einstein in einen Brief dass er überzeugt ist dass der Alte (also Gott) nicht würfelt, wie ja die wahrscheinlichkeitstheoretische Erklärung der Quantenmechanik annimmt.

1. Kapitel: Hasta la vista Seele ?

1.1 Das *Neuro-Land* - ein kleiner Sprung für den Neurowissenschaftler, ein riesiger Sprung für die Menschheit

Zack Lynch, ein amerikanischer Neuro-Futurist, entpuppt sich als ein Neil Armstrong unserer Tage. In seinem 2009 erschienenen Bestseller „The Neuro Revolution: How Brain Science is Shaping Our World" legt er dar, wie die sich langsam aber sicher implementierende Neuro-Gesellschaft eine radikale Veränderung herbeiführen wird, vergleichbar mit der Metamorphose von der „Raupe zum Schmetterling"[3].

Obwohl dies momentan eher als Wunschdenken einiger dystopischen Neuro-Anhänger erscheinen mag, ist die Idee eines optimierten Individuums und einer Gesellschaft, durch pharmakologische oder chirurgische Eingriffe auf das Gehirn, nicht neu. Sie hat ihren Ursprung nicht im Heute oder Gestern,

---

[3] Hasler, Felix, Neuromythologie, Bielefeld, 2014, S.11

sondern ist vielmehr ein Resultat der selbstbewussten Art und Weise, wie die Neurowissenschaften das Gehirn als Maß aller Dinge dogmatisch festgelegt haben.[4]

Gerhard Roth und Wolf Singer, deren Ansichten im weiteren Verlauf noch genauer ausgeführt werden, agieren etwas vorsichtiger, wenn sie mit neurowissenschaftlichen Forschungsergebnissen hantieren. Aber sie sind sich in einem Punkt sicher: Die Zukunft trägt den Namen Neurowissenschaft[5]:

Was unser Bild von uns selbst betrifft, stehen uns in sehr absehbarer Zeit beträchtliche Erschütterungen ins Haus.[6]

---

[4] Somit scheinen Science-Fiction-Filme wie *Equilibrium* nicht weit hergeholt zu sein , sondern eine Fundierung der *Neurosociety* von Morgen zu sein. *Equilibrium,* 2002, in USA erschienen, spielt in Kürze und Knappe gesagt, mit dem Gedanken dass die menschliche Emotion ein Auslöser von vielen Kriegen, Gewalttaten usw. war und weil man das stoische *Apathie-Ideal* nicht ohne einen *Gehirndoping* vornehmen konnte, musste man sich einer Pille bedienen um die Emotionen quasi löschen zu können, den diese verursachten Denkstörungen (Spinoza/Kant). Indem man also pharmakologisch die Emotionen abstrahieren konnte, spielte man also mit dem Gedanken dass nicht die Psyche von den Emotionen betroffen wahr, sondern das Somatische.

[5] Siehe Monyer, Hannah, Rösler, Frank, Roth, Gerhard, Scheich, Henning, Singer, Wolf, *Das Manifest- Elf führende Neurowissenschaftler über Gegenwart und Zukunft der Hirnforschung*, in: *Gehirn & Geist* 6 (2004), S. 30-37

[6] Ebd., S. 36

Das ist eine Prognose der Hirnforscher. Sie gehen davon aus, dass sie in den nächsten 20-30 Jahren das Wesen des Menschseins durch elektrochemische Prozesse erschöpfend erklären können. Dies wollen sie durch einen neuronalen Reduktionismus und eine Reform ihrer eigenen Methoden erreichen, indem sie möglicherweise andere Forschungsansätze und Instrumente nutzen werden. Das übergeordnete Ziel ist es, Geist, Bewusstsein, Gefühle und unser Willensakt als natürliche Vorgänge zu begreifen, denn sie beruhen letztlich auf nichts anderem als biologischen Prozessen.[7]

Anhand einigen von Roths und Singers Veröffentlichungen, ohne das man sich auf diese beschränkt, werden des weiteren beispielhaft charakteristische Positionen wie *Neuro-Determinismus* und Neuro-*Reduktionismus* dargestellt[8] u.a charakteristische Standpunkte.

---

[7] Vgl. Ebd., S.36
[8] Wobei Gerhard Roth eine ausgefallene Position vertritt, durch seinen nicht-reduktiven Physikalismus, welches folgend thematisiert wird.

1.2 Hasta la vista, Seele! - Gerhard Roth und Wolf Singer

Gerhard Roth

Nach einer zweitausendjährigen Suche konnten philosophische Detektive noch immer nicht den genauen Sitz der Seele ausfindig machen. Ist es das, was im homerischen Sinne als der Hauch des Lebens am Ende des Sterbeprozesses den Körper verlässt? Ein feinstofflicher, luftähnlicher Wesenskern? Ist die Seele (psychē) möglicherweise materiell? Könnte die materialistische Auffassung der Atomisten Leukipp und Demokrit zutreffen? Oder ist Platon mit seiner forensisch-metaphysischen Untersuchung und dem Schluss der Immaterialität der Seele näher an der Wahrheit? Oder führt uns vielleicht Aristoteles Hylemorphismus auf die richtige Spur?

Doch wo befindet sich der Sitz der Seele eigentlich? Schwingt sie, wie es in der Lehre des Pythagoras vorgeschlagen wurde, im Gehirn (Alkmaion)? Ist das Herz vielleicht das Kommandozentrum der empfindenden Seele, wie Aristoteles es behauptete? Oder sind die bahnbrechenden Indizien von Descartes, der vorschlug, die Epiphyse (Zirbeldrüse) könnte der Sitz der Seele sein, eher gerechtfertigt?

Jahrhunderte der philosophischen Untersuchung haben eine Vielzahl von Hypothesen hervorgebracht, aber die letztendliche Antwort auf die Frage nach dem Sitz der Seele bleibt unklar. Möglicherweise liegt die Wahrheit in einer Verschmelzung dieser verschiedenen Ansätze, oder in einer komplett neuen Theorie, die noch darauf wartet, entdeckt zu werden. Und vielleicht bleibt die Seele auch ein Mysterium, das uns dazu anregt, immer weiter zu suchen und tiefer in die Geheimnisse des menschlichen Bewusstseins einzudringen.

Der renommierte deutsche Biologe und Neurowissenschaftler Gerhard Roth möchte die breit gefächerte Debatte um das Leib-Seele-Problem ein für alle Mal beenden. In seinem Buch „Wie das Gehirn die Seele macht"[9] argumentiert er, dass die Seele quasi im Gehirn „sitzt" - oder anders ausgedrückt, dass die Seele nicht mehr und nicht weniger als eine

---

[9] Roth, Gerhard, Strüber, Nicole, Wie das Gehirn die Seele macht, Stuttgart, 2014

Gehirnfunktion ist. „Seele", so Roth, ist ein Sammelbegriff für Empfindungen, Gedanken, Wahrnehmungen und Vorstellungen. [10] Sie steht nicht nur für kognitive Prozesse, sondern umfasst unsere gesamte Erlebnis- und Gefühlswelt.

Doch wenn die Seele nicht mehr als eine Gehirnaktivität ist, die laut Roth auch bei anderen Lebewesen vorhanden ist, was macht uns Menschen dann so besonders, so einzigartig? Was verleiht uns Handlungsfähigkeit, Selbstbewusstsein und macht uns letztendlich zu Menschen?

Roth stellt fest, dass das menschliche Gehirn ein typisches Primatengehirn ist, ein typisches Säugetier- und Wirbeltiergehirn. Aber er unterstreicht auch, dass es gleichzeitig einzigartig ist in seiner Komplexität und Fähigkeit zur Selbstreflexion. Durch unsere Fähigkeit, abstrakt zu denken, Pläne zu schmieden, uns selbst zu erkennen und über unser eigenes Bewusstsein zu reflektieren, unterscheiden wir uns von anderen Tieren. Diese einzigartigen Eigenschaften sind das, was uns zu Menschen macht. Es ist die Verbindung von Gehirn und Seele, von

---

[10] Vgl. Roth, Gerhard, Das Gehirn und seine Wirklichkeit, Frankfurt am Main, 1997, S. 213-221 und S.271-278

Physiologie und Erfahrung, die unsere Identität und unser Verständnis von uns selbst und der Welt um uns herum prägt.

Die Annahme, daß beim Menschen noch irgendetwas >>völlig Neues<< hinzukommt, das dann den Geist erzeugt, ist nicht gerechtfertigt, auch wenn diese Annahme das Bedürfnis des Menschen nach Einzigartigkeit [nicht] befriedigen mag.[11]

Laut Roth würde eine Untersuchung des Gehirns eines Trockennasenprimaten oder Trockennasenaffens tatsächlich keine qualitativen Unterschiede zum menschlichen Gehirn aufzeigen. Die Neurowissenschaften können gegenwärtig belegen, dass nicht nur Menschen Denkfähigkeiten besitzen. Tatsächlich können auch Affen und potenziell andere Tiere wie Katzen und Hunde kognitive Prozesse durchführen.

Die Fähigkeit zu denken ist also nicht exklusiv auf den Menschen beschränkt. Allerdings gibt es Unterschiede im Ausmaß und in der Komplexität dieser kognitiven Prozesse.

Während Menschen in der Lage sind, abstrakt zu denken,

---

[11] Ebd., S.76

zukunftsorientierte Pläne zu schmieden und ein Selbstbewusstsein zu entwickeln, sind die kognitiven Fähigkeiten anderer Tiere in der Regel auf konkretes, gegenwärtiges Handeln beschränkt.

Trotz dieser Erkenntnisse sollte jedoch beachtet werden, dass die Vergleichbarkeit von menschlichem und tierischem Denken ein komplexes und kontrovers diskutiertes Thema ist.

Einige Wissenschaftler und Philosophen argumentieren, dass Tiere eine Art von Bewusstsein oder sogar Selbstbewusstsein besitzen könnten, auch wenn diese möglicherweise anders sind als das menschliche Verständnis dieser Konzepte.

Diese Tiere zeigen nicht nur bestimmte Verhaltensweisen, die wir bei Menschen als intelligent oder geistig ansehen, sondern bei diesen Verhaltensweisen sind entsprechende Gehirngebiete in etwa derselben Weise aktiv wie beim Menschen.[12]

Es stimmt, dass Tiere bestimmte Formen von Kommunikation besitzen, aber die menschliche Sprache ist in

---

[12] Ebd., S.76

ihrer Komplexität und Vielfalt unübertroffen. Sie ist nicht nur ein Mittel zur Kommunikation, sondern ermöglicht uns auch, komplexe Ideen zu denken, zu reflektieren und auszudrücken. Sie ermöglicht es uns, unser Wissen über Generationen hinweg zu übertragen und unsere individuellen und kollektiven Erfahrungen zu teilen. Mit der Sprache können wir die Welt und uns selbst verstehen und interpretieren.

Laut Roth liegt hierin ein wesentlicher Unterschied zwischen Mensch und Tier. Während Tiere in der Lage sind, einfache Signale zu senden und zu interpretieren, besitzen sie nicht die Fähigkeit zur symbolischen Kommunikation, die ein Kennzeichen der menschlichen Sprache ist. Bei Tieren ist die Kommunikation in der Regel direkt und situationsgebunden, während die menschliche Sprache es uns ermöglicht, über die Gegenwart hinaus zu denken, komplexe Abstraktionen zu formulieren und hypothetische Szenarien zu durchdenken.

Diese einzigartige Fähigkeit zur Sprache hat tiefgreifende Auswirkungen auf unsere Art zu denken und zu handeln. Sie ermöglicht es uns, die Welt und unsere Erfahrungen in ihr zu reflektieren und zu verstehen. Sie ermöglicht uns, unser

Selbstbewusstsein und unsere Identität zu formen und zu artikulieren. Ohne Sprache wäre unsere Erfahrung der Welt und unser Verständnis von uns selbst radikal anders. In diesem Sinne kann die menschliche Sprache als ein entscheidender Faktor betrachtet werden, der uns von anderen Tieren unterscheidet. Es ist kaum zu bezweifeln, dass:

(...) die Ausbildung der menschlichen Sprache geistige Leistungen des Menschen wie Vorstellen, Erinnern und begriffliches Denken außerordentlich effektiver gemacht hat. Insbesondere hat die Erfindung einer grammatischen Sprache zusammen mit dem stark vergrößerten präfrontalen Cortex es dem Menschen ermöglicht, mehr als andere Tiere Handlungs- und Zukunftsplanung zu treiben. Darin scheint sich der Mensch am meisten von den Tieren zu unterscheiden.[13]

---

[13] Roth, Gerhard, Das Gehirn und seine Wirklichkeit, Frankfurt am Main, 1997, S. 77

<u>Der nicht-reduktive Physikalismus</u>

Mit gewagtem Innovationsgeist stellt der anerkannte Hirnforscher Gerhard Roth eine faszinierende Hypothese auf, die den gewaltigen evolutionären Fortschritt der Menschheit untermauert. Er webt seine naturalistische Geisttheorie in das strukturgebende Gerüst eines nicht-reduktionistischen Physikalismus ein, und verankert diese Konstruktion fest im Boden der Evolutionstheorie, um die Entwicklung des menschlichen Gehirns zu ergründen. In elegantem Gleichschritt mit dem neurobiologischen Konstruktivismus formt Roth sein theoretisches Gebilde.

Im Sinne seines nicht-reduktionistischen Physikalismus[14] betrachtet Roth den Geist als physischen Zustand, ohne ihn jedoch auf bloß Materielles herunterzubrechen. Wie gelingt ihm diese Gradwanderung? Der Schlüssel zu Roths Erfolg liegt in der subtilen Parallelität zwischen Hirn- und kognitiven Prozessen.

Dieser psychophysische Parallelismus zeigt sich in Form lokaler Eins-zu-Eins-Korrelationen und veranschaulicht, dass

---

[14] Vgl. Ebd., S. 299-302

mentale und neuronale Prozesse lediglich zwei Seiten ein und derselben Medaille darstellen. Darüber hinaus stehen sie in einer Wechselbeziehung, die sich gänzlich jenseits kausaler Zusammenhänge bewegt.

Dieser Parallelismus bildet das Fundament für Roths lokale extensionale Identitätsthese, die das Postulieren von psychophysischen Bikonditionalgesetzen ermöglicht. Diese öffnen den Weg für eine Reduktion psychischer Gesetze auf physische. Doch aufgrund der Unmöglichkeit, die Nagelreduktion [15] durchzuführen, da die entsprechenden Gesetzmäßigkeiten unbestimmt bleiben, bleibt der Geist in seiner Wesensart letztlich nicht reduzierbar. Infolgedessen präsentiert sich Roths Physikalismus als gnoseologisch-methodologischer Ansatz, der sich nahtlos in seinen Konstruktivismus einfügt.

Doch es ist hier wichtig, eine Anmerkung zu machen. Trotz Roths beeindruckender Theorie bleibt das Bewusstsein des Menschlichen, das mehr ist als nur das Gehirn, als nur Materie, unberührt. Obwohl Roths Ansatz den Geist und die Materie auf

---

[15] Nagelreduktion: Eine Theorie A ist genau dann auf eine Theorie B reduziert, wenn sich alle Gesetze von A aus den Gesetzen von B ableiten lassen (Ernest Nagel- The Structure of Science 1961)

einer gewissen Ebene zu vereinen scheint, fordert uns die Komplexität und Fülle menschlichen Bewusstseins und Empfindens auf, über den Horizont des Materiellen hinaus zu blicken.

Unsere Existenz als Menschen ist nicht bloß das Produkt neurobiologischer Prozesse, sondern eine symphonische Melodie aus Emotionen, Ideen, Aspirationen und Erinnerungen, die die Grenzen der Physikalität überschreiten. Unsere Menschlichkeit kann nicht vollständig in Gehirnprozessen verortet werden; sie existiert in den Liedern, die wir singen, den Geschichten, die wir erzählen, und den Träumen, die wir träumen. Sie existiert in der Weite unserer Hoffnungen und der Tiefe unseres Mitgefühls. Und es ist diese Komplexität, die uns letztlich von rein physischen Wesen unterscheidet.

Neurobiologischer Konstruktivismus

Als erklärter Neuro-biologischer Konstruktivist im Sinne des eliminatorisch-prozessualistischen Konstruktivismus, welcher von radikalen Konstruktivisten wie Ernst von Glasersfeld propagiert wurde, rückt Roth das Gehirn in den Mittelpunkt des Diskurses. Er behauptet, dass untersuchte Gehirn sei kein reales Objekt, sondern gehöre der Wirklichkeit an. Diese Annahme erzeugt jedoch eine bemerkenswerte epistemologische Aporie, die Erwin Rogler[16] treffend als „Gehirnparadox" bezeichnet. Wie kann ein Konstrukt, fragt er, seine eigene Konstruktion begreifen?

„Das Gehirn erzeugt also ein Konstrukt von sich selbst". Das Dilemma liegt darin, dass das Gehirn, als Resultat seiner eigenen Konstruktion, versucht, sich selbst zu entdecken.

Um dieses Paradox zu lösen, stellt Roth mehrere Postulate auf:

Es existiert eine objektive, bewusstseinsunabhängige Welt, die transphänomenale Welt, die er als Realität bezeichnet.[17] In dieser Welt existieren neben Dingen auch Organismen mit

---

[16] Mehr zum diesem Thema kann man in Erwin Roglers „Das Gehirnparadox. Ein Problem nicht nur bei Schopenhauer" verfolgen. In Kürze und Knappe gesagt versuchte Rogler, Roths neuro-biologischen Konstruktivismus mit den kritischen Realismus im Einklang zu bringen. Das Resultat war ein moderater kritischer Realismus, der davon ausgeht dass es zwischen unsern Erkennen und das Reale, eine gewisse Abhängigkeitsbeziehung bzw.Supervenienz existiert, natürlich nur bis zum einen gewissen Grad.

[17] Roth, Gerhard, Das Gehirn und seine Wirklichkeit, Frankfurt am Main, 1997, S. 324

Gehirnen, welche das „reale Gehirn" besitzen.

Das „reale Gehirn" konstruiert aufgrund chemisch-physikalischer Reize eine „phänomenale Welt", also die Wirklichkeit. Diese Welt setzt sich zusammen aus der Welt an sich, dem Körper und dem Subjekt. Das Subjekt, oder das „Ich", ist ein Teil dieser phänomenalen Welt und zugleich ein Konstrukt des realen Gehirns.[18] Daher kann es nur das „wirkliche Gehirn" betrachten, als Teil der phänomenalen Welt.

Daraus ergeben sich folgende Schlussfolgerungen:

Es muss eine Unterscheidung getroffen werden zwischen einem „realen Gehirn" und einem „wirklichen Gehirn".
Das „Ich" ist das Konstrukt eines für mich unzugänglichen „realen Gehirns".

Ich kann versuchen, das Wesen meiner Wirklichkeit zu verstehen und zu erklären, um so vielleicht eine vage Vorstellung von der Realität zu erlangen. Aber ich darf nicht beanspruchen, objektive Gültigkeit zu besitzen oder mit objektiven Wahrheiten zu hantieren. Stattdessen muss ich akzeptieren, dass die Realität für mich unzugänglich ist und mich mit dem zufriedengeben, was

---

[18] Ebd., S. 331

mir die Wirklichkeit serviert.[19]

In diesem Kontext sehen wir, dass Roth die Bedingtheit und Subjektivität menschlichen Wissens betont. Während seine Theorie faszinierend und gewagt ist, fordert sie uns auch auf, demütig und vorsichtig in unseren Aussagen über die „Realität" zu sein. Sie lädt uns ein, uns über unsere individuelle Wirklichkeit hinaus zu bewegen und das Geheimnis und die Komplexität unseres eigenen Bewusstseins zu schätzen.

Neuro-Determinismus

Des weiteren könne man Roths Stellung in Bezug auf die Willensfreiheit mit folgender seiner Aussagen schnell erschließen:

Der Willensakt geht (...) den neuronalen Prozessen nicht voraus, sondern ergibt sich aus ihnen.[20]

---

[19] Ebd., S. 359
[20] Roth, Gerhard, Das Gehirn und seine Wirklichkeit, Frankfurt am Main, 1997, S. 309

Mehr noch zeigt er auf die *Libet-Experimente* mit den Finger, und affirmiert dass das Gefühl des Willensentschlusses nicht die eigentliche Ursache einer Handlung sei, sondern eine Begleiterscheinung, die auftritt, nachdem corticale Prozesse begonnen haben.[21]

Wolf Singer

Für Singer steht es auch eindeutig fest dass Willensfreiheit eine bloße Illusion sei, und macht nicht wie Roth raffiniertere Umwege, um das klarzumachen. Die Wahrheit findet man durch den *Determinismus*, also dass die neuronalen Vorgänge darüber bestimmen was wir entscheiden.[22] Die Verschaltungen legen uns fest, also was wir glauben selbst zu entscheiden, ist schon von den Gehirn so *diktiert* worden. Wir sollten also aufhören von Freiheit zu sprechen. Sowohl Roth als auch Singer zeigen sich entschlossen, das Konzept der frei entscheidenden Person, die für

---

[21] Ebd., S. 309

[22] Singer, Wolf, Verschaltungen legen uns fest: Wir sollen aufhören, von Freiheit zu sprechen. In: Christian Geyer (Hg.): Hirnforschung und Willensfreiheit, Frankfurt am Main, 2004, S. 56-57

ihre Taten verantwortlich ist, auf die Grundlage neurowissenschaftlicher Erkenntnisse komplett zu revidieren.[23]

Außerdem ist Singer das beste Beispiel eines *Neuro-Reduktionismus*, indem er erklärt dass sich alle mentalen Eigenschaften sich unter Rückgriff auf physischen Eigenschaften reduktiv erklären lassen, und somit feststeht dass das Geistige in dualistischen Sinne eine bloße Illusion sei. Aber wem oder was verdanken wir das hoch komplexe menschliche Gehirn? Auch hier ist die Antwort, dass es der biologisch-evolutionäre Prozess gewesen sei welches das vollbracht hat. Das Gehirn, als Resultat der Anpassung und der Umweltbedingungen zu verstehen. Ontogenetisch kann man observieren wie das *Cerebrum*, die Gehirnaktivität auf die äußeren Reize antwortet und sich so stufenweise entwickelt. Aber die *Konfiguration*, oder nennen wir es, das *Fundament*, ist schon phylogenetisch *eingepflanzt*.[24]

Durch Wettbewerb und Mutationen die in Laufe der

---

[23] Unter dem Motto „Neuro-Recht. Hirnscanner im Gerichtsaal" diskutiert Felix Hasler dieses Problem in seinem Buch und skizziert die Problemfelder die entstehen können, aus ethischer,soziologischer Sicht u.a.
Hasler, Felix, Neuromythologie, Bielefeld, 2014, S. 215- 223
[24] Mehr zur Singers Gehirnentwicklung in: Singer, Wolf, Der Beobachter im Gehirn, Frankfurt am Main, 2002, S. 46-78

Evolution sich erstreckte, sind wir zu das geworden was wir sind. Wir müssten uns aber klar sein dass Geist und Gehirn nicht vom Himmel gefallen sind, sondern das diese sich in der Evolution des Nervensystems progressiv herausgebildet haben. Wir sollten uns also, folglich von Chimären wie Gott, immaterieller Geist usw. befreien und die neurowissenschaftliche Wahrheit akzeptieren, nämlich dass nicht wir denken, handeln und lieben sondern dass dies unser Gehirn realisiert. Jede mentale Eigenschaft wird durch eine physische Eigenschaft realisiert, jeder mentale Zustand ist nichts anderes als ein physischer Zustand. Somit gewinnt der Physikalismus Oberhand, bei Singer indem wir zu *physiko-chemisches Selbsten* ernannt werden die den deterministischen Gesetze der physischen Welt unterworfen sind.

2. Kapitel: Neurowissenschaft zwischen Erscheinung und Wesen

2.1 Das Bewusstsein-Gehirn Problem. Ein Fall für die >>*Akte X* <<?

Zum 125-jährigen Jubiläum der *Science,* einer der prominentesten Wissenschaftszeitschriften der Welt, wurde ein Katalog mit 125 Fragen veröffentlicht, die gegenwärtig noch auf eine Antwort warten. Die erste Frage widmet sich den Rätsel des Universums. Auf Platz zwei, gleich nach dem „*Woraus"* des Universums platziert sich die Frage nach dem Bewusstsein. Welches Geheimnis verbirgt den das Bewusstsein?[25] Was ist die biologische Grundlage des Bewusstseins?

Kann man überhaupt beim Bewusstsein über eine biologische Grundlage sprechen? Auch Thomas Metzinger ist *D'accord* dass das philosophische Rätsel des Bewusstseins schwer zu knacken ist[26] denn es ist nicht in letzter Instanz ein

---

[25] Kennedy D, Norman C, What don't we know?, in: Science, 1 July 2005
[26] Siehe dazu: Metzinger, Thomas, Der Ego-Tunnel: Eine neue Philosophie des Selbst: Von der Hirnforschung zur Bewusstseinsethik, Berlin, 2009

Thema das uns alle betrifft, jeder von uns, auf eine persönliche Art und Weise aber vielleicht ist nicht alles was sich als richtig erweist auch Nachtvollzierbar und Erwartungsgemäß[27].

Nachfolgend soll das psychophysische Problem in Kürze und Knappe durch exemplarische Standpunkte näher beleuchtet und die verschiedenen Reaktionen und Einwände die darauf folgten skizziert werden.

2.2 Das psychophysische Problem - ein *hochexplosiver Fass* für Philosophie und Hirnforschung

In Dialogen wie *Menon, Phaidon, Phaidros* und *Symposion* betont Platon die Immaterialität und Unsterblichkeit der Seele, indem er eine erkenntnis-metaphysische These über Wissen postuliert[28] und eine metaphysisch-theologische These über die

---

[27] Auch mit Dennetts Aussage vereinbar:„ Jede Theorie, die einen Fortschritt darstellt, wird anfänglich kontraintuitiv sein müssen" (Dennett, Daniel, The Intentional Stance, 1978)

[28] Indem er beispielsweise, in Menon, über ein Wissen um abstrakte Objekte spricht, um so an der Anamnesis-Lehre anzukommen, als Kernstück seiner

Unsterblichkeit der Seele ans Licht bringt, in dem er davon ausgeht dass die Seele dem Bereich des Unvergänglichen gehört, und der Körper dem Bereich des Sterblichen bzw. sinnlichen Welt indem er sich der Ideen und ihrer Instanziierungen rapportiert.

Aristoteles hingegen negiert eine strikte Trennung von Körper und Geist. Aristoteles *Hylemorphismus* zeigt das Verhältnis von Körper und Seele und unterstreicht gleichzeitig dass die endlichen Substanzen aus zwei verschiedenen Prinzipien, dem Stoff (hýlē) und der Form (morphḗ) bestehen.[29] Somit vertritt er keinen pauschalen Materialismus, sondern eine Position die einige Berührungspunkte mit dem Eigenschaftsdualismus hat[30].

Durch eine Rückkehr von den aristotelisch-scholastischen Weltbild, versuchte René Descartes erstens die Grundlagen der Erkenntnis zu klären und zweitens das Wesen des Geistes zu

---

Erkenntnistheorie und Seelenlehre nach dem zufolge Wissen in der Unsterblichkeit der Seele immer schon vorhanden ist, aber bei der Geburt vergessen wird. Wir erwerben demnach kein neues Wissen sondern erinnern uns lediglich an das vergessene. Das perfekte Beispiel ist wohl das Sklavenbeispiel aus Dialog Menon.

[29] Siehe dazu, beispielsweise: De An. 412a20, (57)

[30] Dieter Teilchert, Professor für Philosophie an der Universität Konstanz, vertritt beispielsweise diese Auffassung

bestimmen. Die Suche nach dem „Archimedischen Punkt" ergab das berühmte „Cogito,ergo sum!" und sollte als die erste unbezweifelbare Wahrheit gelten aus der man alles andere deduzieren könne.[31] Alles Existierende lässt sich demnach durch die *res cogitans* und res extensa sowie ihrer Eigenschaften bestimmen [32] und diese zwei Substanzen sind voneinander verschieden. Der Geist denkt, ist nicht teilbar und nicht ausdehnbar. Der Körper denkt nicht, ist teilbar und ausdehnbar.

Also sind diese beiden sowohl kategorial als auch epistemisch und ontologisch verschieden. Diese mentalen und physischen Entitäten interagieren auch kausal miteinander. Das Physische wirkt auf das Mentale[33] und *vice versa*, das Mentale wirkt auf das Physische[34]. Aber wie kann das passieren, wenn das Mentale vom Physischen doch so verschieden sein soll? Nach Descartes gibt es ein Ort der Wechselwirkung, die Zirbeldrüse

---

[33] Bsp.: Wenn eine Person mich kitzelt, registriert mein Körper diese Reize und werden weiter zum Gehirn geleitet. An irgendeiner Stelle wirkt das Materielle auf den Geist, und ich habe dann ein Kitzerlebnis
[34] Bsp.: Ich denke, ich will Pizza und dann nehme ich den Hörer in der Hand und bestelle mir Pizza. Die Entscheidung ist sozusagen die mentale Verursachung.

(Epiphyse), wo Geist und Hirn in einer interaktionistischen Beziehung geraten. Die Hirnforscher schützen sich von den interaktionistischen Substanzdualismus Descartes indem sie erstens behaupten dass es kein Interaktionsort zwischen Geist und Körper gibt, zweitens dass für jeden neuronalen Prozess man eine neuronale Ursache finden kann und somit die Notwendigkeit eines Eingriffs des Geistes ins Gehirn verneint wird und drittens, als ein allgemeiner naturwissenschaftlicher Einwand, wäre diese Position wahr müsste man die kausale Geschlossenheit der Welt aufgeben und dass ist nicht möglich denn für jedes Ereignis gibt es eine reine physische Ursache.

Als interaktionistische Dualisten des 20. Jahrhundert welche die kausale Geschlossenheit der physischen Welt ablehnten, verstanden sich auch Karl Popper und John Eccles. Poppers *Drei-Welten-Lehre,* wollte zeigen dass die Gegenstände der ‚Welt 3’, als Welt des objektiven Wissens, als eine kulturelle Ebene des Kulturellen und Manifestationen, zwar abstrakt sind, aber dass sie trotzdem mächtige Werkzeuge zur Veränderung der ‚Welt 1’ , also der physischen Welt,sind, indem ‚Welt 2’, also die Welt der Zustände des Bewusstseins die Gegenstände der ‚Welt 3’ rezipiert und in ‚Welt 1' verwirklicht.[35]

Es scheint das gegenwärtig, der psychophysischer Dualismus doch noch Beachtung bekommt, durch Philosophen wie Uwe Meixner, die einen moderaten psychophysischen Dualismus vertreten indem sie eine kausale Offenheit der physischen Welt voraussetzen.[36] Meixner plausibilisiert die kausale Offenheit der Welt indem er folgendes voraussetzt: Die physische Welt ist auf der Quanten-Ebene bereits an sich kausal nicht geschlossen, also indeterminiert, einige mentale Substanzen haben sich evolutionär entwickelt indem sie diese Offenheit nutzen und die Enge des Mentalen zum Gehirn/Körper expliziert er dadurch dass das Mentale so die jene Offenheit besser erfassen kann und für sich nutzen kann.[37]

Als Gegenentwurf zum Cartesianischen Dualismus haben

---

[35] Siehe dazu, beispielsweise: Popper, Karl, Alle Menschen sind Philosophen, München, 2004

[36] An dieser Stelle, spricht Meixner auch von einer „Agens-Kausalität" indem er folgendes affirmiert: Physische Substanzen stehen in geschlossenen Kausalketten und mentale Substanzen können eigenständig zum Ausgangspunkt von Kausalketten („handelnd") werden. Somit bejaht er die mentale Verursachung und verneint die Geschlossenheit der physischen Welt.

[37] Siehe dazu, beispielsweise: Meixner, Uwe, The two Sides of Being. A Reassessment of Psycho-Physical Dualism, Paderborn, 2004

neuzeitliche Philosophen andere Theorien entwickelt, die von einem materialistischen Monismus [38], Okkasionalismus [39], Substanzmonismus [40] bis hin zu einem psychophysischen Parallelismus[41] und einem Epiphänomenalismus[42] reichten.

---

[38] In Sinne Thomas Hobbes der die Menschen als Materie in Bewegung expliziert hat, als ein Teil des Weltbildes welches man ganz einfach durch Begriffe der Kinematik und Mechanik erklären kann. Der Mensch sei ein natürlicher Körper den man durch eine „Bewegungslehre" erschöpfend fundieren könne.

[39] In Sinne Nicolas Malebranche, der in 17 Jahrhundert einen Dualismus entwickelte, der aber den kausalen Einfluss zwischen Geist und Körper vehement verneint. Zwischen Geistigen und Körperlichen vermittelt Gott. Es ist die Lehre von Gelegenheitsursachen (lat.Occasio) demnach das immaterielle Ereignis aus meinem Geist von Gott registriert wird, und dann lässt Gott sozusagen mein Körper bewegen.

[40] In Sinne Baruch de Spinozas neutralen Monismus, indem er rationalistisch-pantheistisch davon ausgeht dass Geist und Materie nicht verschiedene Substanzen wären sondern dass diese zwei Attribute des selben Dings wären. Gott habe unendlichen Attribute, aus denen wir zwei erkennen können, die Ausdehnung und das Denken. Auch wir sind beides.

[41] In Sinne des nichtinteraktionistischen Substanzdualismus von Leibniz der postuliert hat dass Gott durch einen einmaligen Schöpferakt die Welt wie ein Uhrwerk perfekt konstruiert hat und dass die beiden Substanzen, Materie und Geist, in einer prästabilierten Harmonie (Monadenlehre) funktionieren, dass die beide Substanzen perfekt aufeinander abgestimmt sind, wie synchron laufende Uhren.

[42] In Sinne Thomas Huxleys Theorie demnach es keine mentale Verursachung gibt. Zwar gibt es zwei Ebene, eine Geistige und eine Materielle aber nur die Materie kann auf den immateriellen Geist einwirken und nicht vice versa. Mentale Phänomene sind nur Begleiterscheinungen bzw. Epiphänomene der Veränderung auf der physischen Ebene. Die Verneinung der mentalen Verursachung macht aber aus dieser Theorie sozusagen etwas nutzloses,

Im Gegensatz zum Dualismus, besagt der Monismus dass es nur eine Substanz gebe, nur das Geistige oder nur das Materielle.[43] Am Beginn des 20 Jahrhunderts fing man an mehr und mehr an einem monistischen Materialismus sich zu klammern der viele Variationen kennenlernte. Von Behaviorismus [44] der mentale

welches man durch das Ockhams-Rasiermesser-Prinzip schnell auschließen würde und eher einen eliminativen Materialismus an dieser Stelle postulieren. Ob das eine bessere Lösung ist, bleibt mehr als kontrovers.

[43] Sagt man es gebe nur der Geist, kommt man an Immaterialismus, Idealismus an (Bsp. George Berkeley). Sagt man hingegen dass nur Materie existiert spielt man mit den Physikalismus. Es gibt auch das etwas das wir schon als neutraler Monismus kennengelernt haben, dass besagt dass nur eine einzige Substanz es gebe welche sowohl psychische als auch physische Eigenschaften hat.

[44] Die behavioristische Psychologie entstand am Beginn des 20. Jahrhunderts durch John.B.Watsons und Skinners Anstrengungen das Mentale als etwas Materielles anzusehen, mehr noch als Verhalten. Die Introspektion wurde abgeschafft und man stützte sich nur auf das was man auch objektiv beobachten kann, auf empirische überprüfbaren Beobachtung des Verhaltens. So entwickelte sich schnell eine „Black-Box-Theorie mit Input und Output" auch bekannt als das Reiz-Reaktions-Schema. Klassisches Beispiel wäre der Schlag gegen das Knie, und die Reflexreaktion, die durch den Reiz ausgelöst wurde. So ungefähr konnte man alles explizieren, und das Mentale auf bloßes Verhalten „reduzieren".

Parallel entwickelte sich auch der philosophische Behaviorismus. Gilbert Ryle (Concept of Mind) sah in Descartes Dualismus nichts weiter als eine Kategorienverwechslung, eine folgenschwere Begriffsverwirrung. Wenn man auch Carnaps und Hempels logischen Positivismus vor Augen hat, dann wird das Bild kompletter. Ryle implementiert sozusagen in Concept of Mind, den Begriff der Disposition. Dispositionsbegriffe als wesentliche Funktion, Beschreibung und Erklärung psychischer Vorgänge, Verhaltens etc. Der

Zustände in Verhaltenszustände *transformierte* schlüpfte man schnell in der Kleidung eines Identitätstheoretikers[45] der den „Wunsch nach einem Kaffee" mit „das Feuern bestimmten Nervenzellen in bestimmten Hirnregionen" gleichstellte. Jedoch wurde die Identitätstheorie kritisiert, indem man beispielsweise, den Einwand der *multiplen Realisierbarkeit* entgegenbrachte. Entwickelt wurde die *multiple Realisierbarkeit* von Hilary Putnam der durch sie klar und deutlich zur Geltung bringen wollte dass ein mentaler Zustand nicht mit einem Gehirnzustand identisch sein kann.[46] Aber wenn die Identitätstheorie falsch ist

---

Grundsatz des logischen Behaviorismus besagte dass jede Aussage über mentale Phänomene man in eine bedeutungsgleiche Aussage eines physischen Phänomens übersetzen kann, nämlich in Phänomene des Verhaltens und des Körpers-Dispositionen.

[45] Ein mentaler Zustand M ist nichts weiter als ein Gehirnzustand G. Das ist die Devise der Identitätstheoretiker. Der Geist ist numerisch identisch mit das Gehirn. In einer ersten Phase entwickelte sich die Typen-Identitätstheorie durch John Smart und Ullin Place. Diese waren überzeugt dass jeder psychische Zustand mit einem physischen Zustand identisch sei. Das bewusste Kopfschmerzerlebnis ist identisch mit einem physischen bzw. neuronalen Zustand. Dann entwickelte sich die Token-Identitätstheorie die nicht mehr einen Identismus auf der Ebene der Typen verfolgt, sondern welches besagt dass jedes Vorkommnis eines physischen Zustands identisch mit einem Vorkommnis eines physischen Zustands ist.

[46] Die multiple Realisierbarkeit führte er exemplarisch an das Beispiel von Lurche und Menschen. Einzelne, konkrete mentale Zustände (Token) können in verschiedenen Wesen durch ganz verschiedenen Gehirnzuständen realisiert

wie Putnam es besagt demnach Wesen mit verschiedenen Gehirnzuständen den gleichen mentalen Zustand haben können, so muss etwas existieren was sie verbindet, etwas das sie gemeinsam haben. Putnams Lösung ist dass mentale Zustände funktionale Zustände seien.[47] Dies führte aber zu der Idee dass das menschliche Bewusstsein wie ein Computer funktioniere, und das es sozusagen keine qualitative Unterschiede gibt. John Searle

---

sein. Es ist unwahrscheinlich dass Lurche und Menschen wenn sie Schmerzen haben die selben Gehirnprozesse haben. Bei Menschen ist es vielleicht durch die C-Fasern realisiert, bei Lurchen aber durch etwas anderes. Folglich kann man spekulieren dass Lurche und Menschen die gleichen mentalen Zustand haben, aber sie haben ja nich die gleichen Gehirnzustände. Schmerz kann aus verschiedenen Nervenaktivitäten entstehen, somit ist die Identitätstheorie in dieser Form falsch.

[47] Aber was sind funktionale Zustände? Ein funktionaler Zustand ist dadurch definiert dass er auf einen bestimmten Input mit einem bestimmten Output reagiert und in einen anderen funktionalen Zustand übergeht. Das *Cola-Automat* Beispiel Ned Blocks veranschaulicht den Funktionalismus durch einen Automaten der für 1 Eu, eine Coladose herausgibt. Er akzeptiert auch 50 Cent Münzen. Somit verfügt er über verschiedene interne Zustände: ein Zustand indem er 1 Eu fordert und die Coladose herausgibt und der Zustand indem er noch 50 Cent fordert um die Coladose herauszugeben. Natürlich ist das Beispiel als etwas anderes zu verstehen als bei Menschen. Wir sind komplexer aber in summa sind wir auch nur ein funktionalistisches *Automat*. Alan Turing, beispielsweise, wollte das menschliche Bewusstsein als eine Art Computer definieren. Die Turing-Tests wollten zeigen dass man nicht erkennen kann, wenn man vor sich eine Wand hat, und hinter der Wand ein Computer und ein Mensch, wer Mensch und wer Maschine ist wenn man die beiden mit Fragen konfrontieren würde.

aber versuchte die Turing-These zu widerlegen durch das Gedankenexperiment„ das chinesische Zimmer". Fazit war, dass das menschliche Bewusstsein viel zu komplex sei und man könne den Menschen nicht wie eine Maschine ansehen den die mentalen Zustände sind weit mehr als nur funktionale Zustände. Die Intentionalität des menschlichen Bewusstseins war der beste Einwand dafür. Ein Programm, ein Computer führt etwas nur formal, syntaktisch aus. Ein Computer kann nicht die Semantik beherrschen, ein Computer hat keine intentionalen Zustände wie Denken, Verstehen usw, das haben nur die menschlichen Wesen. Aber wenn mentale Zustände sich nicht auf Verhalten, Gehirnzustände oder funktionelle Zustände zurückführen lassen können und der Materialismus wahr sein sollte, welche andere Möglichkeit hätte man noch aus diesen Aporien zu entfliehen? Vielleicht durch einen anomalen Monismus der die Kreation Donald Davidson ist. Es ist der Versuch eines nichtreduktiven Materialismus, indem Davidson unterstreicht dass die mentalen Zustände über physische Zustände supervenieren und nicht auf diese zurückführbar sind. Diese Supervenienz beschreibt somit eine Abhängigkeitsbeziehung: das Mentale kann sich nicht verändern, ohne dass sich das Physische verändert.[48]

Ein anderer Ausweg bittet vielleicht die Emergenztheorie. Als Schöpfer oder zumindest als Mitentwickler dieser Theorie galt Charlie Broad der einen starken Emergentismus vertrat indem er behauptete dass das Bewusstsein emergent sei. Das heisst in summa dass das Bewusstsein als Makroebene sich nicht auf die Mikroebene zurückführen lässt, also auf die Ebene der Gehirnaktivitäten.[49]

---

[48] Der anomale Monismus Davidsons besagt in summa dreierlei: 1. Mentale Ereignisse interagieren kausal mit materiellen Ereignisse, sie können sich einander verursachen. 2. Ereignisse die einander verursachen, fallen unter ein striktes Naturgesetz. 3. Es gibt keine strikten Naturgesetze über mentale Ereignisse.

Der monistische Teil der Theorie besagt grob gesagt dass auf der Ebene der Token, das Mentale mit dem Physischen identisch sei und dass mentale Ereignis als physisches Ereignis unter Punkt ‚2' unter ein striktes Naturgesetz falle.

Der anomale Teil der Theorie umfasst Punkt ‚3' weil wenn das Physische unter ein striktes Naturgesetz fallen kann, gibt es keine psychischen oder psychophisische Gesetze.

Siehe dazu, beispielsweise: Köhler, Wolfgang, Davidsons Philosophie des Mentalen, Paderborn, 1997

[49] Der Emergentismus wollte sozusagen den Konflikt zwischen Mechanismus und Vitalismus überwinden indem es ein Phänomen als emergent bezeichnet wenn es auf der Makroebene eines System erscheint, jedoch nicht auf der Mirkroebene der Systemkomponenten. Das emergente Bewusstsein ist ein Resultat der Evolution. Man müsste in strengen Sinne zwischen einen starken Emergentismus und einen schwachen Emergentismus unterscheiden. Der erste

Eine Enträtslung des Enigmas von Materie und Geist versuchte man auch durch den *real Materialism* der durch Galen Strawson Kontur und Form bekommen hat. Unter Panpsychismus bzw. real Physicalism, versteht Strawson dass das Geistige sich im Laufe der Evolution entwickelt hat und dass auch in den Vorstufen die Materie, das Materielle sogenannte „proto-mentale" Eigenschaften hatte. In Kürze und Knappe gesagt, behauptet er dass allen physikalischen Entitäten mentale Eigenschaften innewohnen.[50]

In den Naturwissenschaften, in der Neurowissenschaft selbst scheint aber mehr und mehr der physikalische Reduktionismus Oberhand zu gewinnen wie auch die härteste aller Theorien, der eliminative Materialismus.

„X lässt sich auf Y" zurückführen, weil alle Eigenschaften von X unter Rückgriff auf Eigenschaften von Y sich reduktiv erklären lassen. Das ist sozusagen die Kernaussage des Reduktionismus in engeren Sinne. Ein System wird vollständig durch seine

---

lehnt die Reduktion vehement ab, der zweite verneint nicht komplett die Zurückführbarkeit.

[50] Siehe dazu: Strawson, Galen, Real Materialism and other essays, New York, 2008

Einzelbestandteile bestimmt[51].

Ein Neuro-Reduktionist kommt daher zu der Auffassung dass man ein mentalen Zustand auf Gehirnzustand zurückführen kann.[52] Gegen den Reduktionismus gibt es aber Einwände. Als Stichproben dieser Einwände sollen an dieser Stelle Thomas Nagels Aufsatz „ What is it like to be a bet?" und Frank Jacksons „ Mary Experiment" präsentiert werden.

Thomas Nagel bemüht sich gegen die reduktionistischen Ansätze in Bezug auf das Bewusstsein, zu treten indem er zeigt dass das Tatsachenwissen nicht mit dem Qualia-Wissen vereinbar ist. Die Naturwissenschaftler arbeiten mit Begriffen die objektiv sind, also unabhängig von einer bestimmten Perspektive. Qualia

---

[51] Nun müsste man 3 Bedeutungen des Reduktionismus vor Augen haben: der ontologische Reduktionismus (die ganze Realität lässt sich auf bestimmte fundamentale ontologische Kategorien reduzieren) der mit monistischen Theorien hantiert, der methodologische Reduktionismus (Bsp. die Zurückführung des Gens als Träger der Erbanlagen auf die DNS) und der theoretische Reduktionismus (Verhältnis von älteren und neueren Theorien) der beispielsweise die newtonsche und die einsteinsche Physik vor Augen hat und sich fragt in wie weit lässt sich das eine auf das andere zurückführen?
[52] Mentale Zustände lassen sich vollständig auf physische Zustände zurückführen. Die Grenzen zwischen Identismus und Reduktionismus in der Neurowissenschaften, gibt es als solche gar nicht den mentale Zustände sind nach den Hirnforscher nichts anderes als physische Zustände. Deshalb könnte man auch über einer redeuktiven-Identismus sprechen usw.

aber ist ein qualitativer Zustand, ein subjektiver Zustand, ein Erlebnis aus einer Perspektive. Qualia lässt sich nicht physikalisch erfassen, sie kann nicht mit den Begriffen der Naturwissenschaft erfasst werden. Auch wenn wir alle Daten und Fakten über das Gehirn einer Fledermaus wissen, wie sie die Gegenstände mittels ihren Echolot-Wahrnehmungsapparats wahrnimmt, können wir doch nicht wissen wie es sich anfühlt eine Fledermaus zu sein, wir können nicht die Erlebnisperspektive einer Fledermaus erschließen. Folglich kann man nicht alles physikalisch erklären, denn es gibt Erkenntnisschranken in den Naturwissenschaften, und somit ein unvollständiges Wissen. Somit wäre nach Nagel, der (reduktive) Physikalismus falsch.[53]

Als Qualia-Freak, bezeichnete sich Frank Jackson als er 1982 das Mary-Gedankenexperiment veröffentlichte, als eine Art anti-reduktionistische Zuspitzung die auch auf das Argument des unvollständigen Wissens zugreift. In den Gedankenexperiment, beschreibt Jackson Mary, eine brillante Neurowissenschaftlerin,

---

[53] Nagel, Thomas, What is it like to be a bat?, in: The Philosophical Review No.4, 1974, S. 435-440

die die Welt aus einem schwarz-weißen Raum heraus erforscht und mit Hilfe eines schwarz-weißen Monitors. Spezialisiert ist sie auf dem Gebiet der Neurophysiologie der Wahrnehmung. Sie kennt somit alle physischen Daten und Fakten über das Sehen von Farben, Eigenschaften usw. Eines Tages wird sie aus den Labor befreit, und sieht zum ersten mal eine Welt voller Farben. Hat Mary beispielsweise ein neues Wissen erlangt wenn sie die Farbe Rot zum ersten mal sieht? Jacksons Antwort ist Ja. Sie lernt etwas neues, nämlich wie es sich anfühlt Farben zu sehen. Wenn der Physikalismus wahr wäre gibt es demnach keine nicht-physikalischen Tatsachen aber Mary lernt etwas neues, den Qualia-Zustand. Also ist der Physikalismus falsch.[54]

Ein eliminativer Materialist, wie Paul Churchland und Patricia Churchland hingegen gehen ganz einfach davon aus dass es mentale Zustände nicht gibt. Sie seien letztlich bloße Illusionen, Erscheinungen und somit ist die Theorie des mentalen Zustands falsifizierbar, und obligatorisch damit auch die Alltagspsychologie. In den letzten 2500 Jahren hat sich die folk

---

[54] Jackson, Frank, Epiphenomenal Qualia, in: Philosophical Quaterly 32, 1982, S.127-136

Psychology, nach den Churchlands, sich nicht substantiell fortentwickelt. Die Neurowissenschaften jedoch schon denn sie können schon viele kognitive Fähigkeiten rein physikalistisch erklären und nicht mit Spekulationen herumwerfen.[55] Jedoch gibt es auch an dieser Stelle Einwände die das *Fundament* des Eliminativismus zum wackeln bringt. Wer würde schon *D'accord* sein dass er nichts Geistiges besitzt, dass er nur Materie in Bewegung sei? Intuitiv weiss man schon das man mentale Zustände besitzt und dass die Qualia ein Proprium des Menschseins ist. Und wie könne man einen Eliminativisten Achtung schenken wenn er letztlich dass voraussetzten muss was er ja bestreiten will denn wenn er von seiner Auffassung überzeugt ist dass sie Bedeutung hat, dass sie wahr sei würden diese vergessen dass Begriffe wie ‚Bedeutung', ‚Grund' und ‚Wahrheit' intentional geprägt sind, dass diese nur unter Bezug auf das Intentionale, auf mentale Zustände sie „Farbe" und „Kontur" bekommen.[56] Außerdem haben an dieser Stelle auch

---

[55] Churchland, Paul, Eliminative Materialism and the Propositional Attitudes, in: Journal of Philosophy, 1981, S.67-90

[56] Der Inkohärenzeinwand: Wenn es in der Welt keine Überzeugungen gebe, sondern nur neuronales Geschehen, so gäbe es keine bedeutungsvolle Zustände die wahr oder begründet sind.

die Qualia-Freaks etwas zu sagen, denn wir sind nicht (*flach ausgedrückt*) nur bloße Materie, sondern wir sind erlebende Wesen mit Qualia-Wissen welches man nicht auf einen *Propositionalismus* zurückführen kann.[57]

2.3 Vom *Eigenschaftsdualismus* und neuen *Mysterianismus* zum *kosmischen Brain-Quantum-Computer*

Es gibt kein Stopp. Die Fühle und Bandbreite der philosophischen Auffassungen unter denen das Proprium des Menschseins diskutiert wird kennt keine Haltestelle, kein existentiellen Bahnsteig, keine Endstation wo man eingeflüstert bekommt was man eigentlich ist und welche Stelle in der Schöpfung man eigentlich erfüllt. Was muss man sein, um ein Mensch zu sein? Was ist der Mensch?

---

[57] Natürlich kommen Philosophen wie Daniel Dennett, beispielsweise, durch einen Qualiaeliminativismus daher und stürzen die ‚Qualia' in einen *veralteten Brunnen* der Metaphysik und cartesianischen Intuition. Mehr dazu siehe: Dennett, Daniel, Quining Qualia, in: Conschiousness in Contemporary Science, Oxford University Press, 1988, S.42-77

Vielleicht aber lohnt es sich die Spur zu verfolgen, welche aus uns erlebende Wesen macht auch wenn der Mensch weit mehr ist als er von sich letztlich weiß. Das sogenannte *Zombie*[58]- *Argument* David Chalmers ist eine der zentralen Argumente gegen den Physikalismus[59]. Aber weil der Mensch als Ganzes nicht nur durch physikalischen Vorgänge im Körper und Gehirn die nach streng physikalischen Gesetzen ablaufen, erschöpfend erklärbar ist, kommt er zu der Überzeugung dass der Eigenschaftsdualismus [60], als eine moderne Variante des Panpsychismus, wahr sein muss. Aber etwas bleibt bei den Eigenschaftsdualismus noch offen. Wie vereinbart man die kausale Geschlossenheit der Welt mit der mentalen Verursachung denn Eigenschaften sind weder Ereignisse, weder Substanzen,

---

[58] Unter *Zombies* versteht er physikalisch identische Wesen, die nicht mit inneres Erleben bestückt sind, die über keine Qualia-Erlebnisse verfügen

[59] Das Argument lässt sich wie folgend verfolgen: (i) Zombies sind vorstellbar, (ii) Wenn Zombies vorstellbar sind, dann sind Zombies möglich, (iii) Wenn Zombies möglich sind, dann ist der Physikalismus falsch, Conclusio: Der Physikalismus ist falsch

[60] Der Eigenschaftsdualismus umarmt folgende These: die Person besteht nicht aus zwei Substanzen, Körper und Geist, sondern die Person hat körperliche und geistige Eigenschaften. Ein Argument wäre die Qualia, als nichtmaterielle Eigenschaft, die sich nicht auf physische Zustände reduzieren lässt.

und sind somit keine Kandidaten für Ursachen?[61]

Sollten wir somit akzeptieren dass wir nicht in der Lage sind das Rätsel-Bewusstsein zu lösen? Colin McGinn[62] ist der Auffassung dass wir, aufgrund unseres kognitiven Unvermögens das Phänomen des Bewusstseins nicht begreifen können, obwohl es ein natürliches Phänomen ist. Er nimmt an dass entwickelte kognitive Wesen, fähig sein können das fällende Puzzlestück unseres Bewusstseins-Problem zu klären. Welche diese Lebewesen sind, sei an dieser Stelle dahingestellt. Dieser antikonstruktiver Naturalismus kleidet er in die Form eines New Mysterianismus. Die richtigen Fragen sind wir fähig zu stellen, wie das Bewusstsein funktioniert aber die kognitive Fähigkeit es zu beantworten, fällt uns. [63] Das Rätsel-Bewusstsein bleibt

---

[61] Den Chalmers besagt ja dass die Materie immaterielle und materielle Eigenschaften hat, Eigenschaften welche in Interaktion aufeinander stehen.

[62] Britischer Philosoph der sich mit Metaphysik und Mindphilosophy beschäftigt

[63] Den Naturalismus führt er durch ein Beispiel aus: Insekten, Armeisen sind nicht fähig Wissenschaft zu betreiben und Naturgesetze zu erforschen, dennoch bestehen diese. Wir Menschen aber, sind in der Lage Wissenschaft zu betreiben und Naturgesetze zu verfolgen, und mehr noch die richtigen Fragen zu stellen, aber in Bezug auf das Bewusstsein, bleibt unser Drang nach Erkenntnis angesättigt. Das heißt doch nicht dass wir nicht bestehen, dass das Bewusstsein kein natürliches Phänomen sei.

ungeklärt und vielleicht stößt somit die wissenschaftliche Forschung an die Grenze ihrer Erkenntnismöglichkeiten.[64]

Wenn das ein Fall für die „*Akte X*"[65] wäre, würde *Fox Mulder* bestimmt in Betracht ziehen dass es sich vielleicht um ein Paranormales bzw. Übersinnliches Phänomen handelt. Vielleicht würde er auf Ervin Laszlo[66] eingehen welcher sich sicher ist dass Gehirn ein Quantencomputer ist und dass es auch außerhalb des Körpers mit der Natur verbunden ist, in einer quantenphysikalischen und Paranormalen Art und Weise. Er geht davon aus dass unsere Körper nicht nur biologische Systeme sind sondern auch Quantensysteme sind. Bewusstsein arbeitet demnach mit Quantenverschränkungen. Das heißt Quanten de

---

[64] Mehr dazu: McGinn,Collin, The problem of consciousness, Oxford, 1991

[65] An dieser Stelle steht es für den Bündel der Rätselhaftigkeit, Unerklärbarkeit eines Phänomens. ‚Akte X' bezeichnet eine amerikanische Fernsehserie in denen die FBI-Agenten Mulder und Scully, versuchen paranormale, übersinnliche Phänomene erklären zu können die sie in ihren Fällen begegnen. Dabei ist Mulder, aufgeschloßener und offener für das was man nicht wissenschaftlich erklären kann. Scully hingegen ist das Bild einer strengen Wissenschaftlerin die nur Tatsachenwissen, Faktenwissen als Lösungsansatz eines Problems sieht.

[66] Ungarischer Wissenschaftsphilosoph der einerseits an der „Theory of everything"/Weltformel arbeitet und andererseits an einen Weltbild das sowohl quantenphysikalische als auch parapsychologische Phänomene erklären sollte.

jenseits von Raum und Zeit miteinander verbunden sind und die sich über Resonanzphänomene kommunizieren. Somit ist Bewusstsein nach Laszlo, ein Resonanzphänomen. Ideen und Einsichten werden nicht vom Gehirn produziert sondern heruntergeladen, aus den kosmischen Internet. Das kosmische Internet ist in der Natur eingebettet und können via unseres Gehirns damit kommunizieren. Gehirn ist somit ein „Hilfsmittel" ,ein Vermittler zwischen Körper, Bewusstsein und Natur, Universum. Das Universum wird zu einer Art Summe unendlich vielen Gehirne deklariert. Die Erde hat auch ein riesiges Gehirn und es ist mit allen Lebewesen verbunden, um so durch die Sinne der Lebewesen, sich seiner selbst bewusst zu werden. Der Mensch, unser Nervensystem ist direkt mit der Erde verbunden. Wie sonst könne man beispielsweise den direkten Einfluss des Erdmagnetenfeldes auf unseren Gehirn erklären?[67]

Aber auch wenn dieses Szenario somit eine faszinierende

---

[67] Mehr dazu siehe: Laszlo, Ervin, Zu Hause im Universum: Die neue Vision der Wirklichkeit, Berlin, 2010

Vgl. Rotter,David: Das Universum ist ein riesiges Gehirn, in: Wissen und Weisheit, Juli, 2014
>>http://www.sein.de/geist/weisheit/2010/das-universum-ist-ein-riesiges-gehirn.html<< (Letztes Abrufdatum: 05.02.15)

Verbundenheit zwischen den ‚Ich', der ‚Welt' und transzendenten ‚Gott' als das Universum selbst, propagiert, würde innerhalb der ‚Akte X', die Wissenschaftlerin *Dana Scully*, dieses Modell in den Bereich der Spekulationen schieben, denn so was ist und bleibt naturwissenschaftlich nicht nachprüfbar.

2.4 Die Naturalisierung der Person >>Der Homo neurobiologicus<<

Der Homo neurobiologicus hat nicht nur ein Gehirn, er ist sein Gehirn. So die Neuroscience heute.[68] Aber in wie weit kann das zustimmen? Diese Infizierung der Gesellschaft indem man den Menschen auf neuronale-physikochemische Hirnprozesse reduziert führt laut den deutschen Soziologen Nikolas Rose auch zu dem Problem dass sich mehr und mehr Menschen als *„Neurochemical selves"* ansehen indem sie alles was sie ausmacht, das Denken, das Empfinden vollständig auf die chemischen und elektrischen Vorgänge in ihrem Gehirn

---

[68] Hasler, Felix, Neuromythologie, Bielefeld, 2014, S. 62

reduzieren die man durch Medikamente oder durch den direkten Eingriff aufs Gehirn korrigieren kann. [69] Die Hauptverantwortlichen dafür ist einerseits die massenmediale Ausdehnung dieses Neuro-Menschenbildes und andererseits die propagandistisch-schlechte Beeinflussung der Psychopharmaka die Hand in Hand mit der Hirnforschung arbeitet. Würde dieses Bild letztlich zutreffen könne man nicht mehr über eine Persönlichkeit bei den Menschen sprechen, sondern vielmehr über eine *Gehirnlichkeit*. Ontologisch würde das heißen dass das Gehirn das einzige Gehirn sei, das wir brauchen um uns selbst zu sein.[70]Diese Abkehr vom Raum der Psyche als Sitz individueller Persönlichkeit[71] durch ein somatischen Habitat, führt nach Rose zu einer negativen neurowissenschaftlichen Konklusion: Leidet die Psyche, soll das Gehirn behandelt werden. In wie weit kann das aber zustimmen? In „Das Gehirn-ein Beziehungsorgan" ist der deutsche Philosoph Thomas Fuchs fest davon überzeugt, dass

---

[69] Siehe dazu: Rose, Nikolas, Neurochemical selves, in: Society 6, 2003, S. 46-59

[70] Hasler, Felix, Neuromythologie, Bielefeld, 2014, S. 62

[71] Eine „Selbst-Psychologie" in Sinne Heinz Hartmann oder Heinz Kohuts die das „Nosce te ipsum!", die Selbsterkenntnis auf einem neuen Niveau gebracht haben, würde somit einfach eliminiert.

die reduktionistische Sicht auf das Gehirn das Kernproblem ist. Man kann nicht einen Reduktionismus [72] verfolgen, sondern holistisch das Ganze sehen. Außerdem müsste man offener für einen Zusammenhang von Gehirn, Psyche und Sozialität sein denn das Gehirn ist nur „das Organ der Möglichkeiten"[73], doch diese Möglichkeiten kann nur die Person, als Ganzes realisieren.

---

[72] Auf den Reduktionismus geht Fuchs exemplarisch durch den lokalisatorischen Fehlschluss hinein, indem er das bildgebende Verfahren kritisiert. Mehr zu den Problemen in Bezug auf die Auswertungen bildgebenden Verfahren in nächsten Abschnitt.
[73] Fuchs, Thomas, Das Gehirn-Ein Beziehungsorgan. Eine phänomenologisch-ökologische Konzeption, Stuttgart, 2009, S.70

3.Kapitel: Neurodogmatismus

3.1 Gehirnscanner auf den aporetischen Gipfel der Verzweiflung

Im Unterschied zu einer strukturellen Magnetenresonanztomographie, welche verkürzt eine ziemlich präzise Abbildung dessen was tatsächlich da ist wiedergibt, ist die fMRT unpräziser und zeigt de facto nur die Hirnregion, wo mehr Durchblutung bzw. mehr Sauerstoff verbraucht wird. Durch mathematische Berechnungen die am Computer erzeugt werden entstehen die bunten Flecke, die nichts anderes sind als,, (...) *anschaulich aufbereitete grafische Darstellungen der statistischen Verteilung von zeitabhängigem Blutfluss und Sauerstoffbedarf im Gehirn.* "[74]. Berechtigt ist an dieser Stelle zu fragen, was wir eigentlich sehen wenn wir unser Gehirn durch den Hirnscanner betrachten?[75] Sehen tun wir etwas, aber was ist

---

[74] Hasler, Felix, Neuromythologie, Bielefeld, 2014, S. 43
[75] Die Grundannahme dass der Gehirn genau dort aktiv ist wo mehr Durchblutung stattfindet, ist eigentlich die einzige die wir haben den die Wahrheit ist dass wir nicht einmal wissen ob in den anderen Region

die entscheidende Frage!

Der britische Neurobiologe Semir Zeki versuchte mittels der bildgebenden Verfahren in einen ersten Versuch den Sitz der Liebe zu ermitteln. Er zeigte den Verliebten Fotos ihres Partners und auch andere Bilder von Freunde usw.. fMRT-Aufnahme zeigte dann die Hirnregionen die aktiviert wahren. Ein paar Jahre später führte er das Experiment unter dem Motto der „Hass-Studie" weiter. Es wurden den Versuchspersonen Photos mit Personen, die sie hassen gezeigt usw. Der fMRT-Befund: die gleichen Hirnregionen wie bei der Liebes-Studie wahren aktiv.[76] Laut Felix Hasler zeigt das, dass Sehen nicht gleich Wissen heißt und dass die Gleichung „Verpixelte Bilder= Wahrheitsgehalt" falsch ist, dass diese bunte Flecken nichts mit einer wahrheitsgetreuen Abbildung unserer Vorgänge oder Erlebnisse zu tun hat und dass die Reproduzierbarkeit dieser Daten fasst nicht möglich sei.

Unter dem Motto „ Lachs des Zweifels" wurde ein toter

---

gleichzeitig etwas simultanes passiert denn wir können eigentlich nur das sehen was sozusagen beleuchtet wird. Die Regionen die nur „schwarz" auf den Monitor erscheinen deuten wir als irrelevant.

[76] Hasler, Felix, Neuromythologie, Bielefeld, 2014, S. 45-46

Lachs in einen Gehirnscanner gelegt und man zeigte ihm verschiedene Photos. Der Lachs der ja in einem post mortem Zustand sich befand registrierte nach der fMRT Gehirnaktivitäten.The Salmon of Doubt-Experiment das von einigen Psychologen durchgeführt wurde um ihren Kollegen, den Neurowissenschaftler zu zeigen wie methodologisch-operational sie unpräzise arbeiten, und wie vage doch die fMRT letztendlich doch ist[77]

Weiter wird beispielsweise die Tatsache gezeigt, dass 2002, in USA, man bei einer siebzehnjährigen festgestellt hat dass ihr die ganze linke Hirnregion gefehlt hat. Sozial aber war sie völlig normal, sie beherrschte außerdem 2 Fremdsprachen. [78] Weiter aber fragte sich der britische Neurologe John Lorber wie es möglich ist einen IQ von 126 zu haben, erstklassige Noten bei Mathematik zu haben, sozial völlig normal zu sein und so gut wie kein Gehirn zu haben? Das war der Fall eines amerikanischen Student der nicht standardmäßig eine Hirnmasse von 1,5 Kilogramm hatte, sondern irgendwo zwischen 50 und 150

---

[77] Ebd., S.50-52
[78] Ebd., S 57

Gramm. Sein Schädelraum war mehr mit Hirnflüssigkeit gefüllt als mit Neuronenschichten.[79] Man stellt sich an dieser Stelle, gerechtfertigt die Frage ob wir an richtigen Stelle unsere kognitiven, mentale *Kräfte* suchen? Was übersehen wir? Was ist zu machen?

3.2 Der mereologische Fehlschluss

In einer besonderen Arbeitsbeziehung, schafft der Philosoph Hacker und der Neurowissenschaftler Bennett in ihren *Bestseller* „ Die philosophischen Grundlagen der Neurowissenschaften" zu zeigen auf welche Probleme die Neuroscience stolpert wenn diese idiosynkratisch mit Aussagen herumwerfen wie z.B. *Der Geist sei nichts weiter als eine Gehirnaktivität, Ich bin mein Gehirn also folglich handelt und denkt mein Gehirn und nicht das ‚Ich'* u.a.

Ein wichtiges Kernstück der Kritik gegen die Neurowissenschaftler okkupiert der sogenannte mereologische Fehlschluss in den Neurowissenschaften die sie in Kapitel 3 ihres Buches behandeln. Es geht sozusagen um die falsche

---

[79] Ebd., S. 56-57

Einschätzung der Beziehung von einem Teil eines Phänomens zum gesamten Phänomen. *„ Die Neurowissenschaftler nehmen an, dass das Gehirn ein großes Spektrum an kognitiven, kogitativen, wahrnehmungs- und willensmäßigen Fähigkeiten hat. "[80]*

Die Zuschreibung psychologischer Attribute zum Gehirn zu Ergebnisse wie dass das Gehirn etwas entscheidet, etwas glaubt, etwas vergleicht, etwas erkennt etc. ist als Ergebnis einer nicht richtigen Arbeitsweise zu sehen, es ist ein verheerend-grundlegender logischer Fehler[81] der die Hirnforscher machen. Im Sinne eines späten Wittgensteins kann man nur den lebenden Menschen als Ganzes als empfindend, hörend, betrachtend etc. Ansehen. Wenn aber die Neuroscience dem Gehirn als ein (nur) ein Teil des ganzen Organismus, Attribute zugesprochen, welche

---

[80]   Bennett,M.,   Hacker,P.,   Die   philosophischen   Grundlagen   der Neurowissenschaften, Darmstadt, 2012, S.87
[81] Man kann nicht experimentell untersuchen ob Gehirne denken, glauben, folgern usw. In welchen Maß man den Gehirn psychologische Attribute zuschreiben könne ist eine philosophische daher eine begriffliche Frage und keine empirische. Die Frage die sich die beiden stellen ist : „ Ergibt es Sinn, dem Gehirn solche Attribute zuzusprechen? Gibt es ein Gehirn-Denken, - Glauben etc.? (Gibt es den Ostpol?)" (Ebd., S.91) Ihre Antwort ist klar und deutlich: Nein, es ergibt kein Sinn.

als solche nur dem ganzen Organismus zuzurechnen sind dann begeht man einen mereologischen Fehlschluss. Meines Erachtens versuchte schon Aristoteles zu zeigen dass wir ein Denken, eine Handlung nicht den Somatischen, den Körper zuschreiben können, denn wir sagen nicht , Der Körper des Sokrates denkt oder handelt was' sondern wir sagen ,Sokrates denkt oder handelt was'. Also wir anvisieren somit den Menschen als Ganzes, als das Verhältnis von hyle und morphe.

3.3 Offen für die Offenheit der physischen Welt

Physik und Philosophie, das perfekte Cocktail der Aufklärung. Genau das beweist Brigitte Falkenburg als Physikerin und Philosophin durch ihr Buch „ Mythos Determinismus. Wie viel erklärt uns die Hirnforschung?". Das Kernthema befasst sich mit der Behauptung der Neurowissenschaftler dass unsere geistige Ausschmückung, Tätigkeit durch Gehirnprozesse determiniert ist, dass wir nicht Herr im eigenen Haus sind, sondern dass die neuronalen Aktivitäten im Gehirn längst geregelt haben, was wir tun werden.[82] Dabei nimmt sie das Bieri-Trilemma[83] unter der Lupe:

(i)   Mentale Phänomene sind von physikalischen Phänomene radikal verschieden

(ii)   Der Bereich physikalischer Phänomene ist kausal geschlossen

(iii) Einige mentale Phänomene sind im Bereich physikalischer Phänomene kausal wirksam.

Die These ‚(ii)' ist sozusagen das „Alpha und Omega" der Naturwissenschaften und macht somit eine mentale Verursachung unmöglich, das Mentale kann keine Kausalkette initiieren. Aber die These der kausalen Geschlossenheit der physischen Welt ist laut Falkenburg kein physikalisches Gesetz sondern vielmehr eine vorwissenschaftliche Überzeugung, ein methodologisches Prinzip, welches zu Erkenntnisse geführt hat aber selbst keine ist.

Aber was ist eigentlich Kausalität? Sie erinnert dass beispielsweise für David Hume das vielmehr ein

---

[82] Falkenburg, Brigitte, Mythos Determinismus. Wie viel erklärt uns die Hirnforschung?, Berlin Heidelberg, 2012, S.5

[83] Das Bieri-Trilemma wurde von Philosophen Peter Bieri zum Leib-Seele Problem skizziert: Bieri, Peter, Analytische Philosophie des Geistes, Weinheim und Basel, 2007, S. 9

Gewohnheitsprinzip war[84] und für Kant es ein heuristisches Prinzip wahr.[85] Mehr noch hat auch die Physik Probleme in Bezug auf die Kausalität.[86] Die Newtonsche Physik vertritt einen Determinismus, eine Zeitsymmetrie. Das heißt das alles Geschehen reversibel sei kann. Die Quantenphysik aber vertritt einen Indeterminismus, eine Zeitasymmetrie (Zeitpfeil). Das Geschehen ist nicht reversibel. In Anlehnung an einen mechanistischen Determinismus (La Place) vermischen die Hirnforscher die Annahme dass die Welt determiniert sei mit der Annahme des Zeitpfeils[87]. Was Zeitrichtung entzieht sich der naturwissenschaftlichen Erklärung. Aber was fest steht, ist dass es für uns Menschen wichtig ist, beim Handeln, Planen usw. Zeitbewusstsein[88] ist nicht nur für uns sondern auch für die Neuroscience wichtig. „ Aber in wie weit gelingt es, die erlebte Zeitstruktur bottom-up zu erklären, wenn der physikalische

---

[84] Anhand seines Assoziationsprinzips führt er das berühmte Beispiel der Billardkugeln in seinen Essays über den menschlichen Verstand
[85] Ebd., S.275: Neben Kants Kausalitätsprinzip und Humes Regularitätstheorie spricht sie noch über die interventionistische Kausalität und die philosophische Kausalität die mit den Naturgesetze aus der Physik spielen
[86] Ebd., S.267
[87] Im Kapitel 5, behandelt sie „Das Rätsel Zeit".
[88] Ebd., S.212

Zeitpfeil bis heute rätselhaft bleibt?" [89] Wie ist ein Zeitbewusstsein entstanden ohne physikalische Basis? Somit wackelt das ganze Vorhaben einer Geschlossenheit der physikalischen Welt. Anhand einer Top-down-Analyse und bottom-up Erklärung versuchen die kognitiven Neurowissenschaften den Determinismus zu beweisen. [90] Aber die Signalübertragung von den Neurotransmittern an den Synapsen, ist stochastisch, also ein zufälliger Prozess und auf gar keinen Fall deterministisch. [91] Das neuronale Geschehen ist letztlich indeterminiert denn, *„[n]irgends liegt eine vollständige Erklärung vor, die eine mentale Leistung komplett von den neuronalen Grundlagen her erklären würde."[92]*.

Die Annahme, also dass ein geistiges Geschehen letztlich auf ein neuronales Geschehen sich reduktiv verfolgen lässt indem man das durch eine Ursache und Wirkung festlegt steht im

---

[89] Ebd., S.212
[90] Ebd. S. 331. Die bottom-up-Erklärung schematisch dargelegt: Elektrische Signalübertragung/Chemische Neurotransmitter→ Axone und Synapsen→ Neurone→Kortex→Gehirn→Kognitive Leistungen und Verhalten → Bewusstsein (das Top-down Schema verläuft vice versa)
[91] Ebd. S.338
[92] Ebd.,S.338

Widerspruch zum Dualismus von Geist und Materie und zu der Tatsache dass das Mentale sogar physikalisches verursachen kann. *„ Wir sollen uns nicht nur endlich vom Determinismus verabschieden, sondern auch von einer reduktionistischen Ontologie, die sich auf die Vorstellung von Dingen und ihren Eigenschaften stützt und alle Verflechtungen in der Welt nach dem Muster einer Teile-Ganzes-Beziehung deutet. "*[93]

3.4 Schlussplädoyer

Mehrere 100 Milliarden Neuronen bevölkern unser Gehirn. Leim-artig haften die Gliazellen als Stützgerüst für die Nervenzellen um ihnen Schutz anzubieten und den Gleichgewicht aufrecht zu erhalten, und zusammen mit den vernetzten Nervenzellen die wiederum zu Netzwerken verschaltet sind, bilden sie das *Systema nervosum* welches durch Reizbarkeit und Erregbarkeit gekennzeichnet ist. Die komplexe Kommunikation die durch elektrischen und chemischen Synapsen passiert, führt dazu dass ein einziger Neuron bis zu

---

[93] Ebd. S.413

1000 anderen Neuronen in direktem Kontakt stehen kann.

Die *Grals-Frage* an dieser Stelle lautet somit, wie die eingehende Signale im Neuron verarbeitet werden und in welcher Art und Weise die Signalübertragung zwischen den Neuronen eigentlich geschieht? Determinismus oder Indeterminismus, das ist hier die Frage!

Der deutsche Physiker Hermann Haken versuchte sowohl das Deterministische als auch das Stochastische zu berücksichtigen indem er die Synergetik, die Wissenschaft der Selbstorganisation, entwickelte. Das Gehirn wird zum synergetisch-selbst organisierendes System deklariert und das Gehirn-Bewusstsein-Problem aufgelöst, indem man ein phänomenales Erlebnis als ein Ordnungsparameter[94] betrachtet und die elektrochemische Aktivitäten als ein Teil dieses Systems angesehen werden. Das Erlebnis und die neuronale Aktivität, die versklavt[95] sind, stehen in einer zirkulären Kausalität, bedingen sich also gegenseitig. Eine Zuspitzung einer synergetischen

---

[94] Ein Gesamtsystem ist durch seine Bestandteile/Systemteile völlig bestimmt. Die Dynamik, das Verhalten dieser Systemteile kann man durch Ordnungsparameter bestimmt werden.

[95] Das Versklavungsprinzip besagt dass die Dynamik von Untersystemen durch die Parameter des Systems bestimmt wird.

Auffassung findet sich auch bei António Damásio, indem er die neuronale Selbstorganisation für das Entstehen des Bewusstseins verantwortlich macht. Alles fängt mit der neuronalen Architektur unseres Gehirns an. Er spricht über drei Bewusstsein-Stufen: das Proto-Selbst, das Kern-Selbst und das autobiographische-Selbst.

Das erste sei noch unbewusst, und entsteht aus der Verbundenheit der Neuronen, die Zustände des Organismus auf verschiedene Ebene des Gehirns repräsentieren. Das Kern-Selbst ist bewusstseinsfähig, aber vorsprachlich und zeichnet das Wandel, die Veränderung unseres Organismus. Diese Veränderung durch Wahrnehmung und Denken generiert Selbstrepräsentationen. Das führt zum autobiographischen-Selbst als die Jene Stufe wo wir uns als Subjekte mit phänomenalem Bewusstsein begreifen. [96] *„Die Kontinuität des Bewusstseins beruht auf der stetigen Hervorbringung von Bewusstseinspulsen, die der endlosen Verarbeitung von unzähligen Objekten entsprechen. (...) [Sie] erwächst aus dem strömenden Fluss von nichtsprachlichen Erzählungen des Kernbewusstseins"* [97] Das

---

[96] Damasio, Antonio, Ich fühle, also bin ich. Die Entschlüsselung des Bewusstseins, München, 2001, S. 212
[97] Ebd., S.213

Gehirn schafft flach ausgedrückt unser Bewusstsein, und somit auch das Denken, die Emotionen und Gefühle. Argumentativ zeigt António Damásio durch zwei Fallbeispiele,[98] dass die Gefühle ein enormen Einfluss auf unsere Handlungen, Entscheidungsfähigkeiten, emotionale Werte und unser Denken haben. Die Gefühlskraft veranschaulicht er durch die These des *somatischen Markers*, welches sich irgendwo in präfrontalen Kortex befindet und eine wesentliche Funktion erfüllt. Es ist ein automatisches körpereigenes System welches letztendlich konstruktivistisch das ‚Ich' und die ‚Persönlichkeit' produziert.

Auch wenn diese Wissenschaften schon in einer eigenen Sprache sprechen und immer kompliziertere Thesen vorweisen, ist das Resultat immer das gleiche. Man könne heutzutage den Menschen mittels seiner *Systema Nervosum* erschöpfend begründen und alles was ihm ausmacht, gar und gar alles, also sein Handeln, sein Denken, seine Angststörung und sein Verhalten durch den Aufbau- und Funktionsweise des Gehirns vollständig erklären. Aber gerät die Neurowissenschaft somit

---

[98] Siehe dazu: Fall- Phineas Gage und Fall-Elliot in: Damasio, Antonio, Ich fühle, also bin ich. Die Entschlüsselung des Bewusstseins, München, 2001

nicht, wie in den vorherigen Kapiteln schon gezeigt wurde, in einen hoch explosiven Terrain der Widersprüchlichkeit? Physikalistisch kann man den Menschen als Naturwesen auf ein Lebewesen, Lebewesen auf Zellen, Zellen auf Moleküle, Moleküle auf Atome und Atome auf Elementarteilchen zurückführen aber kann man das auch mit den Menschen als geistig-kulturelles Wesen machen? Kann man das mit dem Geist als solches machen? Kann man Geist auf Materie zurückführen? Kann wirklich bloße Materie Geist erzeugen?[99]

Schnell kommt man zu der Frage wie tote Materie Leben schaffen kann und was am Anfang zuerst war, das *Ei oder das Huhn*? Es bleibt auf jeden Fall spannend...

---

[99] Die Wahrheit liegt da Draußen und vielleicht sollte man mehr den panpsychistischen *Formeln* Achtung schenken

Literaturverzeichnis

Bieri, Peter, Analytische Philosophie des Geistes, Weinheim und Basel, 2007

Bennett,M., Hacker,P., Die philosophischen Grundlagen der Neurowissenschaften, Darmstadt, 2012

Becker,A.,Mehr.,C.,Nau,H.,Reuter,G.,Stegmüller,D.,Gene,Meme und Gehirne, Frankfurt am Main, 2003

Damasio, Antonio, Ich fühle, also bin ich. Die Entschlüsselung des Bewusstseins, München, 2001

Falkenburg, Brigitte, Mythos Determinismus. Wie viel erklärt uns die Hirnforschung?, Berlin Heidelberg, 2012

Geyer, Christian, Hirnforschung und Willensfreiheit, Frankfurt am Main, 2004

Laszlo, Ervin, Zu Hause im Universum: Die neue Vision der Wirklichkeit, Berlin, 2010

Meixner, Uwe, The two Sides of Being.A Reassessment of Psycho-Physical Dualism, Paderborn, 2004

McGinn,Collin, The problem of consciousness, Oxford, 1991

Popper, Karl, Alle Menschen sind Philosophen, München, 2004

Pauen, Michael, Neurowissenschaften und Philosophie, Weinheim und Basel, 2001

Roth, Gerhard, Strüber, Nicole, Wie das Gehirn die Seele macht, Stuttgart, 2014

Roth, Gerhard, Wie einzigartig ist der Mensch? Die lange Evolution der Gehirne und des Geistes, Heidelberg, 2011

Roth, Gerhard, Das Gehirn und seine Wirklichkeit, Frankfurt am

Main, 1997

Singer, Wolf, Verschaltungen legen uns fest: Wir sollen aufhören, von Freiheit zu sprechen. In: Christian Geyer (Hg.): Hirnforschung und Willensfreiheit, Frankfurt am Main, 2004

Singer, Wolf, Der Beobachter im Gehirn, Frankfurt am Main, 2002

Strawson, Galen, Real Materialism and other essays, New York, 2008

Köhler, Wolfgang, Davidsons Philosophie des Mentalen, Paderborn, 1997

Hasler, Felix, Neuromythologie, Bielefeld, 2014

Internet- und Medienquellen:

Monyer, Hannah, Rösler, Frank, Roth, Gerhard, Scheich, Henning, Singer, Wolf, Das Manifest- Elf führende Neurowissenschaftler über Gegenwart und Zukunft der Hirnforschung, in: Gehirn & Geist 6 (2004), S. 30-37

Kennedy D, Norman C, What don't we know?, in: Science, 1 July 2005

Nagel, Thomas, What is it like to be a bat?, in: The Philosophical Review No.4, 1974, S. 435-440

Jackson, Frank, Epiphenomenal Qualia, in: Philosophical Quaterly 32, 1982, S.127-136

Churchland, Paul, Eliminative Materialism and the Propositional Attitudes, in: Journal of Philosophy, 1981, S.67-90

Rotter,David: Das Universum ist ein riesiges Gehirn, in: Wissen und Weisheit, Juli, 2014

>><u>http://www.sein.de/geist/weisheit/2010/das-universum-ist-ein-riesiges-gehirn.html</u><< (Letztes Abrufdatum: 05.02.15)